들꽃처럼 별들처럼

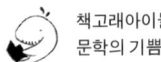 책고래아이들은 책 읽기의 즐거움을 아는 아이들에게
문학의 기쁨을 선사할 이야기 창고입니다.

책고래아이들 33

들꽃처럼 별들처럼

2023년 5월 15일 초판 1쇄 발행
글 선안나 **그림** 이상윤 **편집** 우현옥 **디자인** 김헌기 **마케팅** 강승희
펴낸이 우현옥 **펴낸곳** 책고래 **등록 번호** 제2015-000156호
주소 서울특별시 서초구 강남대로12길 23-4. 301호(양재동, 동방빌딩)
대표전화 02-6083-9232(관리부) 02-6083-9234(편집부)
홈페이지 www.dreamingkite.com / www.bookgorae.com
전자우편 dk@dreamingkite.com
ISBN 979-11-6502-139-9 73800

ⓒ 선안나, 이상윤 2023

● 이 책의 출판권은 책고래에 있습니다.
● 책값은 뒤표지에 있습니다.

들꽃처럼 별들처럼

글 선안나 그림 이상윤

차례

작가의 말 • 8

1. 죽었다 살아난 아이 • 12

2. 그림을 만나다 • 22

3. 그해 오월, 광주 • 35

4. 어둑시니 귀신 • 49

5. 순이 • 57

6. 너는 나다 ●68

7. 들꽃처럼 별들처럼 ●84

8. UN의 초대 ●98

9. 아주 특별한 루브르 ●110

10. 먼 길 돌아, 마침내 광주 ●122

작가의 말

어린이 마음에 풍성한 생각 씨앗 심기길

어느 날 프랑스에서 전화가 걸려 왔습니다. 파리에 살면서 한국의 예술과 문화를 틈틈이 알리는 세실협회 김혜영 대표였지요.

"혹시 김근태 화가에 대해 아세요? 지적장애인만 삼십 년 동안 그려온 분이에요."

화가가 프랑스에서 전시회를 할 때 김 대표가 통역을 맡았다고 했어요. 그림을 보러 온 프랑스 관객들이 작품의 예술성에 놀라고 감탄하였답니다. 특히 지적장애인 형이 있었던 한 청년의 말에, 전시장에 있던 모두가 울음을 터뜨린 감동적인 사연도 전해 주었어요.

통화가 끝난 뒤 김근태 화가에 대해 알아보았습니다. 한국인 최초로 유엔 및 유네스코 전시회를 하고, 세계 각국에서 초대전을 하는 화가였어요. 대한민국 문화예술상 미술부문 대통령상도 받았고요.

사실 유명 화가, 그림 잘 그리는 화가는 많습니다. 불행과 고통 속에서 좋은 그림을 남긴 화가도 적지 않고요.

그런데 김근태 화가의 삶은 특히 이례적이었어요. 5·18 광주민수화운동 때 입은 상처는 개인의 문제로 볼 수 없었어요. 그 후 삼십 년이나 지적장애인만 그리면서, 고통을 통과하여 빛으로 나아간 생애는 더욱 많은 생각을 하게 했습니다.

삶이란, 예술이란 대체 무엇일까요? 우리 사회는

장애를 어떻게 여겨 왔으며, 지금 현실은 어떠한가요? 삭막하고 불안한 시대에, 우리는 어떤 미래를 열어가야 할까요?

　동화가 교육의 도구는 아니지만, 어린이의 마음에 신비로운 씨앗들을 심어 줍니다. 그 씨앗들은 저마다 적당한 때에 싹트고 꽃피우고 좋은 열매를 맺기도 합니다. 김근태 화가의 이야기를 동화로 쓰기로 한 이유는 그 때문입니다.

　먼저 화가의 전시회에 가 보고, 작업실에 있는 그림들도 보았어요. 평전과 자서전, 비평문과 학위논문도 읽었고, 기사와 인터뷰 글도 꼼꼼히 찾아보았지요. 궁금한 점은 메모를 했다가, 김근태 선생님과 사모님을 만나 확인하였고요. 선생님은 장애로 소통이 어려워 사모님이 중간에서 통역해 주셨어요.

화가의 삶을 미화하거나 왜곡하지 않고, 가능한 객관적으로 보여주려 하였어요. 그런데 사실만으로는 깊은 진실을 표현하는 데 한계가 있더군요. 그래서 동화문학 고유한 특성인 상상과 환상 기법을 활용하여 《들꽃처럼 별들처럼》을 썼습니다. 물론 이 동화를 읽고 무엇을 느끼든 오직 독자의 몫이고말고요.

5·18을 앞두고 책을 펴내게 되어 뜻깊습니다.

마음과 힘을 보태신 모든 분에게 감사와 사랑을 전합니다.

2023년 5월,
선안나

1. 죽었다 살아난 아이

옛날 먼 옛날은 아니고, 할머니 할아버지가 아이였던 때 일이야.

어느 마을에 노마라는 아이가 있었는데, 네 살 때 교통사고로 죽고 말았어.

보통 이야기는 주인공이 죽으면 끝이지만, 노마의 이야기는 이때부터 시작이야.

"아이고, 불쌍한 내 새끼……."

노마 엄마는 울다 지쳐 쓰러졌어.

"이러고 있으면 뭐 하냐. 그만 갖다 묻자."

노마 아버지가 냉정히 말했지.

"아직 안 돼요, 노마가 깨어날지도 모르잖아요."

누나가 팔을 벌리며 가로막았어.

"숨을 안 쉬는데 어떻게 살아나? 정신들 차리자고."

아버지는 노마를 광목천으로 둘둘 쌌어. 바지게*에 얹어서 지고 애장터*에 묻으러 갔지.

노마 아버지와 형이 땅을 파고 있던 그 시간, 노마는 검푸른 강가에 있었어. 많은 손님이 배를 기다리고 있었어. 손님은 대부분 노인들이었고 간혹 젊은 사람도 있었어. 꼬마는 노마 하나였지.

"아가, 왜 벌써 왔니? 넌 여기 오면 안 돼."

신비로운 옷을 입은 어떤 아주머니가 배에서 내리며 말했어.

"저도 배 타고 싶어요."

* 바지게 : 싸리나 대오리 따위로 만든 발채를 얹어 놓은 지게
* 애장터 : 어린아이의 시체를 묻은 자리

"훗날, 먼 나중에 태워줄게. 꽃을 많이 피우고 오면."

"꽃이요? 무슨 꽃이요?"

"세상에서 제일 예쁜 꽃, 귀한 꽃."

아주머니가 손바닥을 모으고 후우 입김을 불었어. 투명한 빛이 일렁이더니 나비로 변했어.

"와, 예쁘다!"

"네 나비란다. 어서 따라가렴."

아주머니가 나비를 살포시 날려 보냈어.

나비는 팔랑팔랑 앞섰어. 날갯짓을 할 때마다 빛 가루가 뿌려졌지.

"나비야, 같이 가."

노마는 나비를 쫓아 뛰었어. 사방이 어두웠지만 나비의 빛이 길을 밝혀 주었어.

얼마 가지 않아 동굴 밖 환한 세상이 보였어. 나비

는 입구에서 팔랑팔랑 날갯짓을 하고 있었지.

"잡았다!"

노마는 두 손으로 살포시 나비를 가두었어.

그 순간 눈이 번쩍 떠졌는데, 눈앞이 희뿌옇고 숨쉬기가 답답했어.

노마가 꿈틀꿈틀 움직이자 누나가 소리쳤지.

"노마가 살았어요!"

"얘가 무슨 소릴 하는 거야?"

아버지 목소리였어.

"잘못 본 거겠지."

어머니 소리도 들렸지.

"진짜예요, 아버지! 진짜라니까요!"

누나 목소리가 귓가에 크게 울렸어. 노마는 '누나!' 하고 불렀어.

"으으……"

"보세요! 소리도 내잖아요!"

"오메, 세상에. 참말이네!"

어머니가 득달같이 항아리 속에서 노마를 꺼냈어. 옛날부터 노마네 동네에선 아이가 죽으면 시신을 항아리에 넣어 묻었거든.

머리까지 씌워 놓은 광목천을 풀자 노마가 얼굴을 찡그렸어. 쏟아지는 햇살에 눈이 부셨던 거야.

"내 새끼가 진짜로 살아 돌아왔네. 아이고, 하느님 부처님 신령님 고맙습니다!"

어머니와 누나는 노마를 쓰다듬으며 울었어. 아버지는 뻐끔뻐끔 담배만 피웠고, 형들은 노마가 귀신일까 봐 무서워했지.

"근데 내 나비는 어디 있어?"

노마가 물었어.

"나비? 무슨 나비?"

"반짝반짝 빛나는 나비. 내가 아까 잡았는데……."

아무도 나비를 못 봤다고 했어. 노마는 아쉽고 서운했어.

동네 사람들은 노마를 보면 신기해했지.

"세상에, 그렇게 큰 트럭에 치었는데 어떻게 살았을까?"

"살아도 성한 데가 없을 줄 알았지. 온몸이 피투성이였잖아. 그런데 멀쩡한 걸 보면 삼신할미가 도운 거야."

사람들은 멀쩡하다고 했지만, 사실 노마는 괜찮지 않았어. 그때부터 오른쪽 눈이 잘 안 보이고, 오른쪽 귀도 잘 안 들리게 되었어.

눈의 초점이 맞지 않으니 툭하면 넘어졌지. 운동 신경이 떨어져서 뛰어놀 수도 없었어. 옛날이라서 다들 그런가 보다 여겼지만, 사실 노마는 그때 장애아가 된 거야.

학교에 입학하던 첫날, 같은 반 아이가 물었어.

"너 이쪽 눈이 왜 그래?"

"다쳤어."

"이상해. 물고기 눈 같아."

주변 아이들이 까르르 웃었어. 아이들 웃음은 유리 조각처럼 노마의 마음에 박혔지. 시간이 지나도 따끔따끔 아팠어. 그날 이후 다른 사람을 똑바로 쳐다보기 힘들어졌어.

"술래잡기 할 사람 여기여기 붙어라."

"나도 할래!"

"나도!"

아이들은 틈만 나면 뛰고 달리며 놀았어. 하지만 느려 터지고 잘 넘어지는 노마가 낄 자리는 없었어. 노마는 혼자 천천히 다니며, 작은 것을 자세히 바라보는 아이가 되었지.

　넓은 들판에 자라는 온갖 풀과 풀꽃들, 부지런한 이웃들이 기르는 채소들, 봄이면 꽃구름처럼 피어나고 꽃비를 뿌리는 벚꽃나무 숲, 알록달록한 옷을 입고 꽃구경 나온 사람들…….

　계절마다 달라지는 자연의 변화와 고운 색깔은, 어린 노마의 가슴에 첩첩이 곱게 스며들었지.

2. 그림을 만나다

어느 날 청천벽력 같은 일이 생겼어. 사랑하는 누나가 백혈병으로 갑자기 세상을 떠난 거야. 엄마는 일하느라 바빴고, 노마를 세심히 돌봐 준 사람은 누나였는데…….

충격을 받은 노마는 더 말이 없어졌어. 학교에서 있는 듯 없는 듯, 예민하고 생각만 많은 아이가 되었지.

그런데 중학생이 되자마자 또 다른 시련이 닥쳤어. 이번엔 아버지가 암으로 돌아가신 거야.

"아이고…… 뭐가 급해서 그리 일찍 가시오? 애들 넷을 나 혼자 어떻게 키우라고……."

어머니는 울다 목이 쉬었어. 막냇동생은 뭘 아는지 모르는지, 엄마를 따라 슬피 울었지.

그런데 노마는 눈물이 안 나왔어. 아버지의 죽음이 도무지 실감나지 않았거든. 그냥 눈 감고 누워 있는 것 같은데, 세상을 영영 떠났다는 게 믿기지 않았어.

'사람은 왜 죽어야 할까. 죽으면 어디로 가는 걸까? 딴 집들은 다 괜찮은데, 왜 우리 집에만 이런 일이 생기는 걸까…….'

도저히 이해할 수도, 풀 수도 없는 문제들이었어. 노마의 가슴엔 무거운 돌이 있는 것처럼 늘 답답했지.

그러다 새 학기에 특별한 일이 생겼어.

"노마가 그림을 잘 그리는구나! 사물을 보는 시선

이 다르네."

미술 선생님이 노마의 그림을 칭찬해 주신 거야.

"소질이 있으니까 미술반 활동을 해보면 어떻겠니?"

선생님의 눈빛과 웃음이 참 따뜻했어. 그리운 누나의 눈빛 같았지. 그늘지고 춥던 노마의 마음에 환한 볕이 들었어.

그날부터 노마는 틈만 나면 그림을 그렸어. 좋아서 열심히 하니 그림 실력이 쑥쑥 늘었지.

"구도가 좋구나. 명암도 잘 넣어서 입체감이 살아 있네."

선생님의 칭찬을 받을 때마다, 노마의 가슴을 누르던 돌은 작아지고 가벼워졌어.

처음에는 선생님 칭찬이 좋았지만, 노마는 점차 그림 자체에 푹 빠졌어. 밥 먹고 잠자는 것보다 그림을 그릴 때가 더 좋았지. 완성된 그림을 보면 그렇게 뿌듯할 수 없었어.

"쟤가 노마지? 그림 잘 그리는 애."

"맞아. 얼마 전에도 상 받았잖아."

아이들 사이에 노마의 이름은 차츰 알려졌어. 선생님들도 환경 미화나 학교 행사 준비를 할 때, 으레 노마를 찾게 되었지.

노마는 여전히 운동을 못 하고 친구도 별로 없었어. 그렇지만 더 이상 무시하는 아이는 없었어.

아니, 달라진 것은 아이들이 아니라 노마였어. 알 수 없는 외로움과 슬픔은 여전했지만, 그림이 동부가 되고 등불이 되어 주었거든.

고등학교에 들어간 후 더 기쁜 일이 생겼어. 어린 시절 동무 옥이를 만난 거야.

노마네 밭과 옥이네 밭은 가까이 있었어. 어른들이 밭일을 할 때, 노마와 옥이는 어린 동생들을 돌보았지. 같이 두꺼비집도 짓고, 돌멩이 성도 쌓고, 소꿉놀이도 하며 놀았어.

옥이가 읍내로 이사 가며 둘은 헤어졌어. 그런데 노마가 읍내 고등학교에 가면서 다시 만나게 된 거야.

"언니랑 아버지 얘기 들었어. 네가 많이 힘들었겠다."

"넌 별 일 없었지? 돌이도 많이 컸겠다."

둘은 서로 집안 형편을 잘 알고 있었어. 그래서 무슨 얘기든 편하게 나눌 수 있었지.

"노마야, 너 그림 진짜 좋더라. 그럴 줄 알았어. 어렸을 때도 너 그림 잘 그렸잖아."

"내가?"

"응. 동생들이 그려 달라는 거 그려주고 그랬잖아.

강아지랑, 오리랑, 개구리랑……. 생각 안 나?"

"그랬었나."

옥이와 어릴 때 이야기를 하면 즐거웠어. 그땐 누나랑 아버지도 살아 있었고, 죽음이 뭔지 몰랐지. 행복이 뭔지도 몰랐지만, 돌아보니 사랑하는 사람들과 함께 있는 게 바로 행복이었어.

"노마야, 너 미대 진학할 거지?"

"모르겠어. 가족들이 반대해. 돈 많이 들고 나중에 먹고 살기 어렵다고."

"네 생각은 어때? 앞으로 뭐 하고 싶은데?"

"나야 화가가 되고 싶지."

"하고 싶은 걸 해야지. 어려운 일이 있어도 꿈을 포기하지 마."

책 읽기와 글쓰기를 좋아하는 옥이는, 나중에 작가가 될 거라고 했어.

"그럼 네가 글을 쓰고 내가 그림을 그리면 되겠다."
"약속하는 거다?"
"약속!"

둘은 새끼손가락을 걸고 약속했어. 노마의 삶에 드물게 봄볕 환한 나날이었지.

그런데 옥이마저 교통사고로 세상을 떠나버렸어. 같은 대학교에 진학하자고 약속하고, 열심히 입시 준비를 하던 때였어.

"도대체 나한테 왜 이러는 겁니까? 내가 뭘 잘못했어요?"

노마는 하늘을 노려보며 외쳤어. 분노와 절망에 숨조차 쉴 수 없었어.

"열심히 사는 착한 사람들을 왜 죽게 하는 겁니까? 죄 없는 사람 아프게 하고, 비참하게 죽게 하는 신따위 필요 없어!"

 노마는 그대로 굶어 죽고 싶었어. 그런데 하루만 굶어도 배가 고파 견딜 수 없는 거야. 참지 못하고 결국 음식을 먹는 자신이 노마는 싫었어.

 '그림을 그리면 뭐 하고 대학에 가면 뭐 해.'

 모든 게 허무하기만 했어. 목표와 계획을 세우면 뭐 해? 하늘이 아무 때나 데려가 버리면 그만인데.

 노마는 입시 준비고 뭐고 그만뒀어. 무작정 집을 나가 떠돌았지. 돈이 떨어지면 건설 현장에서 일용직 노동자로 일하기도 했어.

 그러나 방황한다고 나아지는 건 아무것도 없있이. 건강만 나빠진 노마는 결국 고향으로 향했어.

 한밤중에 마을에 도착하였으나, 노마는 집에 들어갈 수가 없었어.

 '엄마 얼굴을 어떻게 본담. 형님은 집에 있을까? 날

보면 엄청 화를 낼 텐데…….'

노마가 머뭇대고 있는데, 고양이 한 마리가 집안에서 나왔어. 하얀 털에 검은 무늬가 있는 점박이 고양이였지.

'집에 고양이를 키우는가 보군.'

노마가 바라보았지만 고양이는 놀라지 않았어. 꼬리를 세우곤 사뿐사뿐 노마에게 걸어왔지. 마치 잘 아는 사람을 만나기라도 한 것처럼.

'내가 이 집 식구인 걸 알고 있나?'

　털을 쓰다듬어도 가만히 있는 고양이가 노마는 신기했어.

"거 누구요?"

　인기척을 느낀 어머니가 마당으로 나왔어.

"……저예요, 엄마."

　노마는 천천히 마당으로 들어섰어. 고양이도 꼬리를 세운 채 당당히 따라왔지.

"저녁 안 먹었지? 어서 밥부터 먹어."

어머니는 아무것도 묻지 않고 상을 내왔어. 아랫목에 묻어 두었던 밥이 아직 따뜻했지.

"나비야, 너도 이것 좀 먹어라."

어머니는 밥 한 술을 물에 말아 생선살을 섞어 주었어. 고양이는 배가 고팠던지 찹찹 맛나게 먹었어.

"이름이 나비예요? 귀엽게 생겼네요."

"네가 데려온 거 아니야? 같이 들어왔잖니?"

"아니요. 집에서 나오던데요?"

"처음 본단다. 들고양이 같진 않은데……. 어느 집 고양이가 마실 나왔나?"

수소문해 보았지만, 동네엔 고양이를 잃어버린 사람도 찾는 사람도 없었지.

그렇게 나비는 노마네 고양이가 되었어. 원래 자기 집인 것처럼 천

연덕스러운 나비 때문에, 식구들은 가끔 웃었어.

"나비야, 잘 먹고, 쥐도 잘 잡아야 한다."

어머니는 나비가 복덩이라며 귀여워했어.

햇볕을 쬐며 낮잠을 자거나, 털을 고르는 나비를 보고 있으면 노마의 마음도 어쩐지 따뜻해졌어. 그림을 그리고 싶은 마음이 초봄 민들레처럼 살그머니 돋아났지.

3. 그해 오월, 광주

노마는 다시 마음을 가다듬고 입시 준비를 했어. 그리하여 광주에 있는 대학교에 합격을 했지.

꿈꾸던 미대생이 되었지만 노마는 기쁘지 않았어. 이 학교에 꼭 오고 싶어 했던 옥이 생각만 났지. 꿈 많고 착한 친구였는데, 함께 공부하고 교정을 거닐 수 있었으면 얼마나 좋을까.

환한 얼굴로 교정을 누비는 신입생 틈에서, 노마는 회색 유령처럼 지냈어. 다른 학생들과 어울리지도 않고, 음울한 얼굴로 숙소와 학교, 아르바이트하는 화실만 묵묵히 오갔지.

그해 가을 나라에 큰 사건이 생겼어. 대통령이 부하의 총에 맞아 사망한 거야.

"16년 독재가 끝났으니 이제 민주화가 되겠군!"

대학생들은 삼삼오오 모여서 그런 얘기를 나누었어. 헌법에 따라 국민 투표로 대통령을 뽑겠다는 정부 발표도 나왔어.

그런데 일부 군인이 반란을 일으켰어. 군대부터 장악한 신군부는 서울에 계엄령*을 내렸지. 신문사와 방송사를 통제하고, 바른말 하는 언론인들을 해고했어.

방학 동안 잠잠했던 대학생들은, 새 학기가 시작되자 거리에서 모였어.

"계엄을 해제하라!"

* 계엄령 : 일정한 곳을 병력으로 경계함. 군사적 필요나 사회의 안녕과 질서 유지를 위하여 일정한 지역의 행정권과 사법권의 전부 또는 일부를 군이 맡아 다스리는 일. 대통령이 법률에 의거하여 선포하며, 비상계엄과 경비계엄이 있다.

"신군부는 물러가라!"

서울 지역 학생들이 가장 먼저 시위를 했어.

부산, 대구, 목포, 춘천……. 전국 각 지역 대학생들도 데모를 했지. 광주 지역 대학생들도 마찬가지였어.

권력을 움켜쥘 욕심이 있던 신군부는 데모에 앞장선 학생들을 체포했어. 국민들이 존경하는 정치인과 지도자도 잡아넣었지. 군인들의 무시무시한 탄압에 전국의 대학생 시위는 모두 사라졌어. 단 한 곳, 노마가 살고 있는 광주만 빼고.

1980년 5월 18일이었어.

그날도 대학생들은 금남로 거리에 앉아 시위를 하고 있었어.

"군사독재 반대한다!"

"계엄을 해제하라!"

그때 특수부대 군인들이 나타났어. 곤봉으로 두들

겨 패고 군홧발로 짓밟으며 학생들을 진압했지.

다치는 학생들이 쏟아져 나오자 대학생들도 돌을 던지며 맞섰어. 돌멩이에 맞은 군인들은 더 무자비해졌지. 학생들 옷을 벗기고 무릎을 꿇린 채, 밧줄로 굴비처럼 묶어서 끌고 갔어. 수없이 많은 부상자가 나왔고, 병원으로 옮겼으나 끝내 숨진 사람도 생겼어.

"세상에 군인들이 어떻게 이럴 수가 있어?"

광주 시내는 발칵 뒤집혔어.

"군인이 국민을 지켜야지, 왜 적군 취급을 하냔 말이야!"

"절대로 그냥 넘어갈 수 없는 일이야."

사람들이 모인 곳마다 분개하는 목소리가 가득했

어.

노마도 아르바이트를 마치고 선배가 입원한 병원에 가 보았어. 이마가 터지고 팔다리가 부러진 학생들을 보니 기가 막혔어.

"나쁜 놈들! 죄 없는 사람들을 어찌 이 지경으로 때릴 수가 있어?"

그날 밤 잠 못 이룬 사람은 노마만이 아니었어.

다음날 시위에는 대학생뿐 아니라 남녀노소 일반 시민이 다 모였어. 고등학생들까지 수업을 중단하고 거리로 달려 나왔지.

어제보다 더 거센 충돌이 벌어졌어. 계엄군은 곤봉과 개머리판*으로 시민들을 닥치는 대로 때렸어. 소총에 날카로운 칼을 꽂고 나타난 군인들도 있었어. 피를 흘리며 쓰러진 사람들을 길 가던 다른 시민들이 병원으로 옮겼지. 병원마다 부상자가 넘쳤고, 계엄군이 쏜 총에 사망자가 또 나왔어.

이튿날부터 노마도 시위대에 합류했어. 어떻게 가만히 있을 수 있겠어? 힘을 가진 자가 절대로 해서는 안 될 짓을 저지르고 있는데!

광주 시민들 마음은 다 같았나 봐. 금남로는 구름 떼같이 사람이 몰려나와 발 디딜 틈이 없었지.

시민들 중에 누군가 나와서 외쳤어.

"군인들이 시민들을 죽이는데 진실을 알리는 언론이 없어요. 뉴스에선 우리를 북한 간첩의 사주를 받은 폭도라고 보도하고, 국민들은 거짓 방송을 믿고

---

* 개머리판 : 총의 아랫부분. 흔히 단단한 나무나 플라스틱으로 만들어 사격 할 때 어깨에 받치는 데 사용함함

있습니다."

"우리를 도와주러 올 사람은 없습니다. 군인들이 우리에게 총을 쏘고 경찰도 우리를 지켜주지 않습니다. 내 부모 형제를 지키려면 우리도 총을 들고 싸우는 수밖에 없습니다!"

군대에 다녀온 사람들이 주축이 되어 시민군을 만들었어. 무기고를 털어 총과 탄환도 손에 넣었지.

광주 시내는 전쟁터로 변했어. 차량이 부서지고, 권력의 시녀가 된 방송국과 경찰서가 불타고, 최루탄 연기로 뒤덮였지.

시위와 아무 관계없는 일반 시민, 노약자, 임산부까지 죽고 다치는 일이 날마다 벌어졌어. 그러나 일반 국민들은 아무것도 몰랐어. 광주시는 고립된 섬이 되어 버렸거든. 아무도 광주를 나오지 못했고, 들어갈 수도 없었어. 모든 통신 수단도 당연히 끊겼고.

"이럴 수는 없어. 전쟁을 해도 민간인은 해치지 않는 법인데! 국민을 지키려고 있는 군대가 국민을 죽이다니! 이건 나라가 아니야!"

 노마는 참을 수 없었어. 시민들이 조직한 수습대책위원회에 학생 위원으로 들어갔지.

 노마는 길거리에 쓰러져 있는 시신들을 주로 수습했어. 사망자를 병원으로 옮기면 다른 자원봉사자들이 신원을 확인하여 관에 모셨어. 대형 태극기를 두른 관이 날마다 늘어 갔지.

 나중에는 관도 태극기도 부족해서 시신을 그냥 줄지어 눕혀 놓았어. 많은 시민이 묵묵히 시신들을 돌보았어. 그중엔 십 대 청소년들도 있었지.

 가족들이 시신을 찾아가도, 다음날이면 또 새로운 시신이 도착했어. 어린이와 임산부 사망자들까지 본 노마는 미쳐 버릴 것만 같았어.

"정말 이게 우리나라인가? 여기가 바로 지옥 아닌가?"

노마도 사랑하는 사람들을 잃었어. 누나와 아버지는 병을 앓았고 옥이는 교통사고를 당했지. 사람의 힘으로 어찌할 수 없는 죽음이었는데도 노마는 너무 아프고 힘들었어.

그런데 건강한 사람이 하루아침에 죽임을 당했으니, 당사자는 물론이고 가족들 심정이 어떻겠어? 어머니들의 애간장 녹는 울음을 보고 들을 때마다 노마도 뼈가 아렸어.

'군인들에 맞서서 이길 순 없겠지. 인원도 부족하고 무기도 없는 시민들이니까. 하지만 어차피 누구나 죽는 인생, 뜻있게 죽자.'

노마는 마지막까지 싸우리라 결심했어.

어느덧 5월 26일이 되었어.

탱크와 장갑차, 무장한 군인들이 광주 시내를 점령했지. 자수 권유 방송이 연신 울려 퍼졌어.

"폭도들은 들어라. 총기를 모두 반납하고 자수하면 지금까지 잘못은 묻지 않겠다. 다시 한 번 말한다……."

그날도 시민들은 금남로에 모여 궐기 대회를 했어.

"우리가 무슨 잘못을 했습니까? 정부가 광주 시민에게 먼저 사과해야 합니다. 이 일을 벌인 전두환과 책임자들을 처벌하고, 민주 정부 수립을 약속하면 우리도 물러날 것입니다."

80만 광주 시민의 이름으로 요구사항을 발표한 뒤 대회는 끝났어. 시민들은 집으로 돌아가고, 전남도청을 지키는 사람들만 남았지.

노마는 도청 문지기를 맡고 있었는데, 뜻밖에 동생이 찾아왔어.

"형, 오늘밤에 군인들이 여길 공격한대. 그럼 다 죽는대. 그러니까 집으로 가자, 응?"

"내 걱정 말고 너나 어서 피해. 괜히 군인들 눈에 띄면 무슨 일 당할지 몰라."

"하지만 형……."

"내가 알아서 할게. 엄마 걱정하시잖아. 어서 가!"

노마는 마음 약해질까 봐 동생을 냉정히 쫓아 보냈어. 하지만 속으론 동생을 보는 것도 마지막일 수 있겠구나 싶어 가슴 아팠지.

오늘 밤 군인들이 시민군을 완전 진압할 거라는 건 짐작하고 있었어. 이길 수 없는 싸움이고, 죽게 될 수 있다는 것도.

일단 살아야 한다고, 무기를 반납하고 협상하자는 사람도 많았어. 그러나 끝까지 싸우자는 사람들도 있었지.

"총칼에 굴복하면 안 됩니다. 우리가 대한민국 민주주의의 마지막 보루예요."

"맞습니다. 우리가 여기서 물러서면, 군인들은 힘으로 누르면 안 되는 일이 없다고 생각할 겁니다. 권력을 손에 넣고, 반대하는 국민은 앞으로 총칼로 다스릴 거예요."

"그러려고 우리를 본보기로 삼은 거죠. 죽더라도 끝까지 싸워야 합니다. 언젠가 진실은 밝혀질 겁니다!"

노마의 생각도 같았어. 죽음 따윈 두렵지 않았지.

그런데 해질 무렵 이번엔 어머니와 형이 찾아왔어.

"노마야, 여기 있으면 죽어. 내 새끼 죽는 거 나는 절대 못

본다. 네가 안 나가면 나도 여기서 같이 죽을란다."

어머니는 노마를 붙들고 눈물을 글썽였어. 마디가 불거진 어머니의 거친 손이 마음 아팠어.

"알았어요, 엄마. 이따 피할게요."

"정말이지? 나 안심시키려고 하는 말 아니지?"

"눈치 봐서 도망칠 테니 어서 집에 가 계세요."

어머니 마음 편하시라고 선선히 약속했지만, 도청에 남겠다는 노마의 결심은 굳건했어.

'죄송해요, 엄마. 태어나서 걱정만 하시게 해 드려서요. 먼저 가서 엄마 오시면 제가 마중 나갈게요. 저쪽 세상에선 좋은 아들이 되어 효도할게요.'

멀어지는 어머니 모습을 보며 노마는 입술을 깨물었어.

4. 어둑시니 귀신

십 분 이십 분……. 저녁이 빠르게 찾아왔어.

어둠이 깊어질수록 노마의 마음은 이상했어. 예상치 못했던 죽음의 공포가 밀물처럼 밀려왔지.

더 이상 삶에 아무런 애착도 미련도 없다고 생각했기에, 싸움의 가장 앞자리인 도청 문지기를 자청했는데 말이야.

노마는 흔들리는 자신이 당혹스러웠어. 두려움을 떨쳐내려고 함께 문 앞을 지키던 친구에게 말을 걸었지.

"아까 엄마가 왔다 가셨어. 집에 가자고 애걸복걸 하시는데 마음이 안 좋더라."

"사실 나도 걱정이야. 우리 아버지도 누워 계신데 나까지 잘못되면 가족들이 어떻게 살지……."

친구의 눈빛과 목소리는 더 흔들리고 있었어.

"폭도들에게 알린다. 총을 버리고 즉시 자수하라. 손을 들고 나오라. 투항하면 생명을 보장한다……."

진압군의 방송이 스피커로 들려왔어. 공격 시간이 가까워진 것 같았어.

노마와 친구는 눈이 마주쳤어. 누가 먼저 말을 꺼냈는지 몰라. 뻔한 죽음을 기다려 맞기보다, 일단 살아서 싸울 길을 찾자고 합의했어.

문이란 문은 이미 군인들이 전부 지키고 있었지. 노마와 친구는 뒷담을 넘어 골목으로 달아났어.

"폭도들이 달아난다! 저 놈 잡아라!"

고함을 치며 군인들이 쫓아왔어. 노마는 있는 힘을 다해 도망쳤어.

아르바이트하던 화실이 마침 멀지 않은 곳에 있었어. 노마는 떨리는 손으로 자물쇠를 열고 들어갔어. 친구는 어디로 달아났는지 보이지 않았지.

캄캄한 화실에서 몸을 웅크린 채, 노마는 도청에 있던 사람들이 진압되는 소리를 들었어. 총소리, 군홧발 소리, 고함과 비명…….

노마는 귀를 막은 채 부들부들 떨었어.

'내가 무슨 짓을 한 거지? 나도 저기 있어야 하는데…….'

벽에 머리를 찧으며 울었어.

'못난 놈! 비겁한 놈! 이 배신자! 왜 그랬어?'

자신이 한심하고 한심했어. 몰래 도망쳐 살아남은 것이 부끄러워, 얼굴을 들고 다닐 수가 없었어.

5·18 기간 동안 죽고 행방불명 된 사람이 수백 명이야. 죽었으나 시신을 찾지 못한 사람이 몇 인지는 정확히 알 수도 없어. 다친 사람이 수천 명이고, 장애인이 된 사람도 많아.

　그런데 피해자들은 폭도요, 북한의 사주를 받은 빨갱이로만 보도되었어. 학살자들은 승승장구했으며 전두환은 대통령이 되었지.

　'어찌 이런 일이 있을 수 있단 말인가? 죄 없는 국민을 그렇게 죽이고도 아무 일 없다니……. 우리나라가 이런 곳이라니…….'

　노마는 깊이 절망했어. 고통스러워 맨 정신으로 견딜 수가 없었어. 현실을 잊기 위해 술을 마시기 시작

했지.

'네가 남 탓할 자격이 있어? 혼자 살려고 도망친 비겁자 주제에, 아직도 정의로운 척하는 꼴이라니!'

언제부턴가 어둑시니*가 달라붙어 노마를 괴롭혔어. 어둑시니는 그 사람이 가장 두려워하는 시공간에 영원히 가두는 귀신이야. 5·18을 겪은 많은 사람이 어둑시니의 감옥에 갇혔어. 평생 고통에 몸부림치다 결국 세상을 등진 사람들도 있어.

겉보기에 노마는 예전과 다름이 없었지. 학교에 다니고 학점을 따고 아르바이트도 했어. 그러나 산 것도 죽은 것도 아닌 허깨비나 마찬가지였어. 혼이 들어 있는지 없는지 알 수 없는 허깨비.

"으악!"

밤이면 깊은 잠을 잘 수 없었어. 쫓아오는 남자들을 피해 도망치다 비명을 지르며 깨어났어. 줄지어 놓인 관과 시신들, 그 냄새도 생생했어. 죽은 사람들이 밤마다 옆에 서성이곤 했지.

'내가 할 수 있는 건 그림 그리는 것뿐이야. 그림으로 야만스러운 세상을 증언해야 해!'

노마는 죽을 것만 같은 감정을 예술로 남기고자 했어. 그러나 푸르스름한 색감은 우중충하기만 하고, 그려진 세계는 의미 없이 창백했지.

'동지들은 억울한 누명을 쓴 채 묻혀 있는데, 그림

* 어둑시니 : 자기 안의 두려움이 커질수록 점점 커져 내면의 감옥에 갇히게 하는 어둠의 귀신

을 그리겠다고? 이따위 알량한 재능으로?'

어둑시니는 노마를 집요하게 괴롭혔어. 도망치려 술을 마시면 오히려 더 커졌지. 두려움과 괴로움을 먹을수록 커지는 귀신인 줄 노마는 몰랐던 거야.

'군홧발 소리 들리지? 그들이 왔어! 빨리 도망쳐!'

어둑시니의 속삭임에 노마는 비틀비틀 달아났어. 어둑시니는 노마를 강으로 이끌었지.

'저 건너편으로 가면 모든 고통은 끝나. 보고 싶은 사람들이 너를 기다리고 있잖아. 어서 가서 너도 편히 쉬어. 지금이야! 당장 가라고!'

어둑시니가 노마의 등을 떠밀었어. 물귀신이 노마를 잡아당겼지.

노마는 저항할 마음도 힘도 없었어. 천천히 물속으로 걸어 들어갔어.

5. 순이

"어? 저기 사람 아니야?"

강물로 들어가는 노마를 순이가 보았어.

순이는 막 초등학교 선생님이 된 햇병아리 교사야.

보통 때는 버스를 타고 퇴근을 해. 그런데 그날은 좀 멀지만 걷기로 했어. 가을바람도 선선하고 가로수 단풍도 예뻤거든.

"이 시간에 사람이 왜 물속에 들어가겠어. 내가 잘못 본 건가?"

개와 늑대의 시간이었어. 어둑해서 개인지 늑대인지 구분이 안 되는 무렵 말이야.

산 그림자 때문에 바위를 착각했나 싶어, 순이는 미간을 모아 더 자세히 보았어. 그런데 분명 어떤 남자였지.

"거기 안쪽은 수심이 깊어요! 어서 나오세요!"

놀란 순이가 소리쳤어. 하지만 그 사람은 들리지 않나 봐. 물이 허벅지에 차고 허리에 차는데도 계속 안으로 들어갔어.

"누구 없어요? 도와주세요! 사람이 빠졌어요!"

사방을 둘러보며 소리쳤지

만, 노인과 아이들 몇 뿐이었어.

　마침 저만치 공중전화 박스가 보였어. 순이는 신발이 벗겨지는 줄도 모르고 뛰어가 경찰서에 전화를 했지. 다행히 얼마 있지 않아 경찰차와 응급 구조대가 도착했어.

　"괜찮을까? 괜찮아야 되는데……."

　순이는 떨리는 마음으로 지켜보았어.

　바위틈에 걸쳐져 있던 청년은 곧 발견되었어. 구조대원이 심폐소생술을 실시한 다음 병원으로 옮겼지. 경찰차에 타고 순이도 병원에 따라갔어.

　"숨은 쉬지만 의식이 아직 안 돌아왔어요. 과연 깨어날지, 눈을 뜬다고 해도 뇌가 제 기능을 할지 지켜봐야 합니다."

　의사는 비관적으로 말했어. 뇌에 산소가 공급되지 않은 시간이 너무 길었다고 했지.

'꼭 깨어날 거야!'

순이는 알 수 없는 확신이 들었어. 간밤 꿈 때문일 거야.

꿈에서 순이는 여러 갈래 길 앞에 서 있었어. 쭉 뻗은 큰길도 있고, 덩그런 기와집으로 이어진 길도 있었어. 사람들이 많이 몰려가는 꽃길도 있었지.

'저리로 가야 보물이 있는데……'

순이의 눈길은 아무도 가지 않는 좁은 길로 향했어. 그런데 덤불과 가시나무가 우거져 선뜻 발을 들여놓을 수 없었지.

그때 좁은 길 안쪽에서 밝은 빛이 보였어.

'저게 뭐지?'

순이는 자세히 보려고 좁은 길로 한 발 들어갔어. 덤불이 스르르 뒤로 물러났지. 몇 걸음 더 옮기니 가시나무가 가지를 치켜들어 주었지. 순이는 놀라움과 두려움이 뒤섞인 마음으로 계속 걸었어. 그러자 저만치 빛나는 나비가 보였어.

　나비가 날갯짓을 할 때마다 빛 가루가 뿌려졌어. 나비가 앉은 가지마다 색색의 꽃이 피었지. 깨어나서도 신비로운 향기가 코끝에 느껴졌어.

　"오늘 무슨 좋은 일이 있으려나 봐!"

　순이는 잔뜩 기대하며 출근을 했어. 그런데 종일 아무 일도 일어나지 않았어. 꿈은 그냥 꿈인가 보다 했는데, 퇴근길에 이런 일이 벌어진 거야.

　'좋은 일은커녕 안 좋은 일만 생겼네.'

　구급차를 따라가며 처음에는 그렇게 생각했어. 그러나 병실에 누워 있는 청년을 보니, 한 목숨을 살린다면 그보다 좋은 일은 없겠구나 싶었지.

　"으음……."

　앓는 소리를 내며 마침내 청년이 눈을 떴어.

"이제 정신이 들어요?"

반가운 마음에 말을 건넸어. 청년은 어리둥절한 표정으로 이렇게 물었어.

"혹시…… 천사님이세요?"

"천사요?"

순이는 웃으며 대답해 주었어. 하마터면 천국에 갈 뻔했지만 이곳은 아직 이승이라고.

사실 노마는 그 순간 진짜 천사를 보았어. 처음 눈을 떴을 때 눈앞이 뿌옇기만 해서 저승에 온 줄 알았거든. 그런데 온화한 목소리가 들리는 거야.

"이제 정신이 들어요?"

서서히 보이는 얼굴은, 하늘나라로 간 누나 같기도 하고 옥이 같기도 했어. 미소 띤 얼굴 뒤편에서 눈

부신 빛이 쏟아지고 있었지. 천사가 아니고서야 그런 빛이 날 수 없었어.

친해진 뒤에 노마가 그 얘기를 하자 순이는 웃었어.

"의식이 아직 혼미해서, 전등 불빛이 번져 보였겠죠."

그랬을 수도 있지. 어쨌든 노마는 첫눈에 느꼈어. 순이는 자신을 살린 사람일 뿐 아니라, 살릴 사람이라는 것을!

노마는 곧 퇴원할 수 있었어. 노마는 순이와 몇 번 만난 뒤, 졸업 전시회에 초대를 했지.

'이렇게 좋은 그림을 그리는 사람이었구나!'

순이는 무척 감동했어. 그림을 잘 알지는 못하지만, 살면서 본 어떤 그림보다 마음에 와닿았거든.

'이런 재능을 가진 사람이 왜 그랬던 것일까?'

경찰은 노마가 술이 취해 물에 빠진 거라고 했어.

하지만 그렇게 단순한 문제만은 아닐 거라고 순이는 짐작했어. 예술가여서 그런 것인지, 알 수 없는 깊은 어둠과 아픔이 느껴졌거든.

얼마 후 노마가 청혼하자, 순이의 가족 친지들은 모두 반대했어.

"그림 그리는 사람하고 결혼해 봐야 평생 가난하게 살아."

"사람이 너무 어두워. 눈빛도 이상하고."

"밝은 기운을 가진 사람, 행복하게 해주는 사람과 결혼해야 돼. 그래야 밝고 행복하게 살 수 있어."

아주 틀린 말은 아니었지만, 맞는 말도 아니었어.

"돈은 벌 수 있는 사람이 벌면 되죠. 내가 긍정적이니까 밝은 기운을 주면 되고요. 노마 씨는 예술가라서 보통 사람들과 다른 게 당연해요."

반대를 무릅쓰고 순이는 노마와 결혼을 결심했어.

많은 식구로 북적대는 집을 나와 자신만의 가정을 꾸리고 싶은 마음도 있었거든.

 사실 순이도 작가가 되고 싶은 꿈이 있었어. 노마는 그림을 그리고, 그 곁에서 자신은 글을 쓰는 모습을 상상하면 저절로 미소가 떠올랐어. 그렇게 함께 늙어 갈 수 있다면 참 좋을 것 같았지.

 순이의 달콤한 기대는 결혼 첫날부터 깨어졌어. 신혼 여행길에 노마가 엉망진창으로 취한 거야. 바다에 뛰어들어 하마터면 죽을 뻔했지 뭐야. 어둑시니가 어느 때보다 노마를 집요하게 괴롭혔기 때문이지.

 '동지들은 죽어도 죽지 못하고 있는데, 결혼에 신혼여행까지? 혼자 행복해서 좋겠군! 남들 앞에서 그렇게 정의로운 척하더니, 제 살길만 찾는 이기적인 놈……'

 노마는 누구에게도 5·18 얘기를 하지 않았어. 순이

에게도 마찬가지였지.

'무슨 고민이 있는 걸까? 왜 저렇게 힘들어하지?'

악몽에 시달리는 노마가 순이는 안쓰러웠어. 어둠이 노마의 영혼을 파먹지 못하도록, 가정을 더욱 환하게 가꾸려 애썼어.

노마는 미대 졸업 후 고등학교 미술 선생님이 되었어. 건강하고 예쁜 남매도 태어났고, 일찌감치 집도 장만했어. 남들 보기엔 부러울 것 없는 가정이었지.

6. 너는 나다

하지만 노마는 행복하지 않았어. 아니, 행복할 수가 없었어. 어둑시니로부터 벗어날 수 없었기 때문이야.

노마는 툭하면 술을 마시고 말썽을 부리는 자신이 싫었어. 선생님다운 선생님이 되지 못해 학생들에게 미안했지.

"사표를 내고 그림만 그려야겠소."

혼자 가정 경제를 책임질 수 있을지, 순이는 조금 겁이 났어. 그렇지만 오래 망설이지 않고 대답했지.

"당신 뜻이 그렇다면 그렇게 해요."

노마는 그림을 그려야만 할 사람이었어. 직장생활을 하느라 그림을 제대로 못 그리니 더 힘들어하는 게 분명했어.

"이해해 줘서 정말 고맙소."

전업 화가가 된 노마는 그림만 실컷 그렸어. 오랜만에 행복했고 가정에도 평화가 찾아왔지.

그러나 일 년이 못 가 벽에 부딪히고 말았어. 열심히 그려도 고만고만한 작품밖에 나오지 않는 거야.

"이 정도는 누구나 그릴 수 있어. 틀을 깨는 나만의 새로움이 필요해!"

독창적 예술 세계를 열기 위해 노마는 발버둥 쳤어. 아무리 애써도 길이 보이지 않았지. 붓을 잡지 못하는 나날이 계속되자 노마는 죽을 것만 같았어.

'알량한 실력으로 예술은 무슨 예술이야? 다 때려

치워! 그날 도망치면서 뭐라고 했지? 살아남아서 싸우자고? 그래서 그동안 동지들을 위해 뭘 했는데?'

어둑시니는 얼씨구나 하고 노마를 괴롭혔어.

노마는 그동안 그렸던 그림을 찢고 불태웠어. 이젤과 캔버스도 부숴 버렸지.

절망에 빠져 있던 그 순간 우연히 어떤 책자를 보게 되었어. 프랑스 르미슈미에르 아카데미가 소개되어 있었지. 그림을 체계적으로 공부하는 과정에 노마는 눈이 번쩍 뜨였어.

"파리로 가야겠소. 기초부터 새롭게 공부해 보고 싶소."

"하지만……."

순이는 잠시 말을 잇지 못했어. 물가가 비싼 유럽에서 공부하려면 돈이 있어야 하잖아. 모아놓은 돈은커녕 빚까지 있는데, 유학 비용을 어떻게 마련할 수 있겠어?

하지만 예술에 대한 노마의 열망을 잘 알기에, 순이는 곰곰 생각 끝에 답했지.

"그렇게 해요. 돈은 어떻게든 구해 볼게요."

지금 노마에겐 돌파구가 절실히 필요했어. 가족들을 위해서도 그 편이 좋을 것 같았지.

얼마 후 노마는 파리로 떠났어. 인체 크로키 수업을 들으며, 날마다 팔이 아프도록 그림을 그렸어.

틈이 나면 걷고 또 걸었어. 동경했던 화가 고흐가 살았던 집과 거리는 수 없이 가 보았어. 모네와 로댕 등 뛰어난 예술가의 작품도 빠짐없이 보았지. 오르세 미술관과 그랑 팔레 국립갤러리 등 구석구석 미술관도 찾아다녔어.

특히 루브르 박물관의 기라성 같은 예술품을 보며, 노마는 간절한 바람을 품었어.

'언젠가 나도 이곳에서 전시회를 할 수 있기를…….'
스스로 생각해도 황당한 꿈이었어. 노마는 작은 나라의 이름 없는 화가일 뿐이었으니까. 그러나 별을 꿈꾸는 마음으로 소망을 품었지.

궁핍하고 외로운 파리 생활이었어. 노마도 지내기 쉽지 않았지만, 집에서 순이는 더욱 피가 말랐어. 빚을 갚으며 유학 비용을 마련하느라 쓰러지기까지 했지.

"형님, 그만 돌아오세요. 이러다 형수님 정말 큰일 나요."

보다 못한 후배 화가가 노마에게 연락을 했어.

노마는 두 말 없이 짐을 쌌어. 더 공부하고 싶은 마음이야 굴뚝같았지. 하지만 죽을 지경이 되어도 돌아오라는 말을 못하는, 바보 같은 아내를 더 힘들게 할 순 없었어.

유학은 일 년으로 끝났지만 한 가지 생각은 명쾌해졌어.

'예술은 이래야 한다는 틀이 없어. 무엇을 어떻게 표현하든 자유야!'

그림을 처음 배울 때부터 노마는 자기만의 그림을 고집했어. 선생님이 손을 대거나 고쳐주는 것도 거부했지. 그럼에도 불구하고 어떤 화풍, 어떤 기법이라는 생각의 틀에서 자유롭지 못했던 거야.

유학 후 노마는 자기만의 그림을 그렸어. 보기 좋고 아름다운 대상이 아닌, 소외된 약자들을 그렸지.

'세상은 밝음과 어둠으로 이루어져 있어. 사람들이 불편해하고 피하고 싶어 하는 진실도 드러내야 해. 진실만이 우리를 자유롭게 해 주니까!'

노마는 역 주변의 노숙인, 노인, 고아 등을 찾아다녔어. 그들의 외모뿐 아니라 내면까지 그려내려 애썼지. 그런데 그림을 그리는 과정이나 완성한 뒤에도 늘 뭔가 미흡했어.

'내가 방향을 잘못 잡은 것인가? 그러면 무엇을 어떻게 그려야 하지?'

고민을 거듭하던 노마는 빈손으로 훌쩍 인도로 떠났어. 가장 가난하고 업신여김을 받는 하층민 마을에서 한동안 살았지. 죽은 사람을 화장하고 떠내려 보내는 강가에서 긴 시간 머무르기도 했어.

예술에 대한, 아니 삶에 대한 답을 얻고 싶어 고행을 했지만, 별 소득을 얻지 못한 채 한국으로 돌아왔어.

그때 누군가 고하도라는 섬 얘기를 해 주었어. 지적 장애아 시설이 있다는 말에, 노마는 배를 타고 무작정 찾아갔지.

"우리 애들에게 그림을 가르치고 싶다고요? 글쎄요. 애들이 그림을 그릴 수 있을지……."

시설 관계자는 고개를 갸웃거렸어.

"일단 한 번 둘러보시죠."

그 사람을 따라 실내로 들어갔어. 문을 열자 넓은 공간에 줄지어 누운 백수십여 명의 사람이 보였지. 순간 노마는 심장이 멎는 줄 알았어. 그렇게 많은 사람이 누운 광경은 5·18 때 보고 처음이었거든. 상무관에 줄지어 놓여 있던 시신이 겹쳐 떠올라, 노마는 심호흡을 한참 해야만 했어.

지적장애아들은 낯선 손님을 물끄러미 쳐다보았어. 초점이 맞지 않는 눈, 침이 흐르는 입, 뒤틀린 손발, 고통으로 일그러진 표정…….

'너희가 바로 나구나!'

노마는 깊은 동질감을 느꼈어.

네 살 때 교통사고를 당한 이후 노마도 소외된 장애아로 자랐어. 가까운 이들의 죽음과 5·18의 상처로, 남모르는 고통을 지금도 홀로 겪고 있고.

그런데 자폐아, 다운증후군, 지적장애아들 속에 있으니, 노마는 물속으로 돌아온 물고기 같은 느낌이었어.

"얘들아, 안녕? 아저씨하고 그림 그리면서 놀까?"

노마는 그날부터 시설에 머물렀어. 아이들에게 그림을 가르치고 아이들 모습을 그리기도 했어. 음식을 흘리고 소리를 질러대고 대소변을 가리지 못하는 아이도 있었지. 노마는 어떤 소란도 냄새도 싫지 않았어. 거짓을 모르는 아이들 영혼의 빛이 예쁘기만 했어.

"아빠!"

시키지도 않았는데 아이들은 노마를 아빠라 부르기 시작했어. 노마는 말할 수 없이 가슴이 뜨거웠어. 무엇을 해도 메워지지 않던 공허감이 지적장애아들과 함께 지내며 채워졌어. 찢기고 비틀렸던 오랜 상처

가, 아이들 영혼의 빛에 치유되고 있었어.

몇 년이 더 지났을 때 일이야. 하루는 노마가 집에서 새벽까지 아이들을 그리다 잠이 들었어. 그런데 다운증후군 아이들이 야단법석인 거야.

"아빠! 불났어요. 어서 일어나요!"

"어서 불 꺼요, 아빠!"

놀라서 벌떡 일어나보니 아래층에 불꽃이 활활 타오르고 있었어. 난로에서 튄 불씨가 카펫으로 옮겨 붙어 집안 전체로 번지기 전이었지. 노마는 급히 물을 퍼부어 불을 껐어. 덕분에 그동안 그린 그림이 모두 무사했어.

그 후로도 지적장애 아이들은 몇 번이나 더 비몽사몽 노마에게 다녀갔어. 그때마다 현실에 일어날 일을 생생히 알려주었어. 마치 꿈 같았지만, 노마는 아이들 영혼이 진짜 날아온 거라고 믿었어. 함께 지낸 사이에 노마는 알게 되었거든. 지적장애아들의 영혼 에너지가 얼마나 순수하고 강렬한지 말이야.

시간이 흐르자 주변에서 노마의 그림에 대해 쑥덕거렸어. 너희 남편은 왜 그런 그림을 그리느냐고, 순이에게 대놓고 묻는 사람도 있었지.

"여보, 당신도 꽃이나 풍경화 같이 예쁜 그림도 좀 그려봐요."

순이도 안타까워서 노마에게 말했어.

"예쁘다는 게 뭐요? 하늘의 눈에는 이 아이들이 가장 예쁠 거요. 어떤 거짓도 죄도 모르는 영혼이요."

"그야 그렇지만……."

사람들이 수군거린다는 건 노마도 알고 있었어. 진실을 표현하는 것이 예술가의 일이기에, 일반 사람들의 말에 일일이 신경 쓸 필요 없다고 생각했어. 그렇지만 노마라고 듣기 좋은 소린 아니었지.

'하긴, 틀어박혀 혼자 그림만 그리는 것도 정답은 아닐 거야.'

노마는 지역 화가들과 어울리기 시작했어.

그림 소재를 찾아 스케치 여행을 함께 다녔어. 같이 그림을 그리고 밥도 먹고 예술에 대해 대화를 나누니 생활에 활기가 생겼어.

"이럴 게 아니라 공동생활을 하며 창작을 해 보면 어떨까?"

노마의 제안에 후배 화가들도 찬성했어.

"거, 좋은 생각입니다!"

마침 산속 폐교를 구할 수 있었어.

아름답고 고요한 자연에 파묻혀 화가들은 경쟁적으로 열심히 그렸지. 직접 잡은 물고기로 찌개를 하고 싱싱한 채소로 쌈을 싸서 먹는 밥도 그렇게 맛있을 수 없었어.

노마의 작품 소재는 다양해졌어. 꽃과 나무, 마을 풍경도 그렸어. 한국화 기법도 적용하고 추상화도 시도했어.

그중에서도 노마는 민중미술에 마음이 끌렸어. 5·18의 진실은 여전히 밝혀지지 않았고, 가해자들은 떵떵거리며 잘만 살고 있었지.

'부조리한 세상을 바꾸는데 그림으로라도 힘을 보태야지!'

노마는 민중미술 단체를 만들어 열정적으로 이끌었어. 노동자, 약자들과 힘을 합쳐 권력자에 맞서며 뿌듯함도 느꼈어.

공동체 화가들과 폐교에서 첫 번째 공동 전시회도 열었지. 많은 지인이 찾아와 축하와 격려를 해 주었어. 화가로서 노마는 한층 자신감을 갖게 되었어.

7. 들꽃처럼 별들처럼

 시간이 흐르며 모든 게 변해갔어. 순수한 창작열로 뜨겁던 공동체는 온갖 행사 준비에 끌려 다녔지. 작은 이익 때문에 회원들 간에 갈등과 다툼도 깊어졌어.

 실망한 노마는 공동체를 나왔어. 미술 단체도 그만두고 모든 직책도 내려놓았지.

'예술의 길은 바깥에 있지 않아. 내 그림에 집중해야 해!'

 첫 마음을 되찾기 위해 노마는 다시 지적장애아들

을 찾아갔어. 아이들 속에 있으니 역시 편안했어. 화가로서 노마는 자신의 소명을 보다 분명히 느꼈지.

'하지만 예전과 같은 방식으로 아이들을 그려선 안 돼. 또 그때처럼 그리는 건 자기 복제일 뿐이야. 그걸 넘어선 지금의 그림을 그려야 하는데……'

노마는 예술적 승화를 위해 노력했어. 수없이 스케치하고 새로운 재료들로 실험도 했지. 그런데 도무지 마음에 차지 않는 거야.

화가들 모임에서 노마는 이러한 고민을 털어놓았어. 창조의 고통을 알고 있는 화가들이라 공감할 줄 알았는데, 오히려 쓴 소리만 돌아왔지.

"무슨 그런 그림을 또 그리려고 그래? 정신 차려, 이 사람아."

왕 화백은 대놓고 핀잔을 주었어.

"그런 그림이라니? 내 그림이 어때서?"

"생각 좀 해보게. 누가 그런 그림을 사서 집구석에 걸어 놓으려고 하겠나. 나니까 솔직하게 말해 주는 거야!"

"편견과 고정관념을 깨는 게 바로 예술 아닌가."

"예술은 개뿔……."

왕 화백은 쯧쯧 혀를 찼어.

"이상한 고집 부리지 말고 적당히 좀 하게. 아무도 안 사려는 그림을 백 날 그리면 뭐 해? 자기 만족일

뿐이지."

"팔리는 그림을 그려야 한다? 그따위 썩어빠진 정신으로 화가입네 유세를 떨고 다니나?"

"뭐, 썩어빠진 정신? 부러우면 솔직히 부럽다고 해. 위선 떨지 말고."

"예술 팔아먹는 사기꾼 주제에, 누구한테 충고야. 충고가!"

노마는 더 참지 못하고 멱살을 잡았어.

사실 왕 화백을 두고 다른 화가들은 말이 많았어. 한국화를 대중화 한답시고 돈, 명예, 관직을 얻게 해 준다는 그림을 버젓이 팔거든. 미국에서 전시를 한번 한 뒤론, 스스로 세계적인 작가라며 낯 뜨겁게 홍보 했지. 화가 지망생들을 몰고 다니며, 선생님으로 떠받들리기도 좋아하고 말이야.

솔직히 마음에 드는 구석이 하나도 없었지만, 노마는 왕 화백 흉을 보지 않았어. 처음 그림을 함께 그렸던 옛 동무니까.

노마가 그날 화를 낸 것도 어쩌면 왕 화백 때문만이 아니었어. 그림을 못 그리고 있어서 그런 거였지. 그림만 술술 그려진다면 누가 뭐라 하든 괜찮았을 거야.

'어떻게 구성해야 예술성을 높일 수 있을까? 리얼리즘만으론 안 돼! 아이들 영혼에 초점을 맞추어야 해.

그러려면 환상을 표현해야 하는데…… 어떤 방법으로?'

자나 깨나 노마의 머릿속엔 그 생각밖에 없었어.

그날도 딴 생각을 하다 노마는 그만 교통사고를 내고 말았어. 차가 담벼락에 충돌하는 순간, 번개가 번쩍하며 눈에 찢어지는 아픔이 느껴졌지.

그 사고로 노마의 오른쪽 눈은 실명되고 말았어. 다행인 것은 어릴 적 사고로 원래 잘 안 보이던 쪽이라는 거야.

'왼쪽을 다쳤으면 어떻게 됐을까?'

생각만 해도 가슴이 철렁했어. 더 이상 그림을 그릴 수 없게 되었을 테니 말이야. 그림을 그리지 못하는 삶이란 노마에게 의미가 없어.

희미하게나마 보이던 한쪽 눈을 잃자 움직임이 더 불편해졌어. 툭하면 부딪히고 멍이 들어 몸이 멀쩡할

날이 없었지.

하지만 노마는 더 이상 어떤 불만도 없었어. 한 눈으로는 세상을 보고, 다른 눈으로는 지적장애 아이들만 보았어. 흐릿하면 흐릿한 대로, 드는 느낌을 자유롭고 편안하게 표현했지.

"바깥나들이도 하고 싶고 마음껏 뛰놀고도 싶지? 들판과 바람과 햇살을 그려줄게. 꽃도 피어 있고, 새와 나비도 날고, 토끼도 있고……."

노마는 아이들을 그림 속 들판에 데려다 주었어. 하늘로 우주로 자유롭게 날아다니게도 해 주었지.

집중하면 할수록 아이들 영혼의 빛은 더 잘 보였어. 자세히 보아야 잘 보이는 들꽃 같고, 어둠 속에서 빛나는 별 같은 아이들이었어.

"들꽃처럼 별들처럼!"

노마의 그림 전시회 제목은 단번에 정해졌어. 지적

장애아를 그린 지 십오 년 만에 처음 여는 개인 전시회였지.

"꽃 그림이랑 풍경화를 더 많이 전시하는 게 어때요? 사는 사람이 있을 수도 있을 텐데……."

순이가 조심스레 말했어. 팔릴 만한 그림을 더 걸어서 전시회 비용이라도 보탰으면 싶었나 봐. 순이 마음을 모르는 바 아니었지만 노마는 단호하게 대답했어.

"안 되오. 애들 그림을 하나라도 더 걸어야 해요."

사회와 가족으로부터도 잊힌 채 살아가는 지적장애아들이었어. 기회가 있을 때 노마는 아이들의 삶과 꿈을 한 점이라도 더 보여주고 싶었어.

'장애인만 그린 이색전시회'로, 노마의 전시회 소식은 여기저기 소개 되었어. 덕분에 꽤 많은 사람이 전시회장을 찾아왔지.

특히 지적장애아의 가족들은 몹시 감동했어.

"내 자식이지만 부끄러워서 숨겨놓고 살았어요. 그런데 화가님 그림에 주인공이 된 걸 보니 눈물이 납니다."

"이 그림이 우리에게 얼마나 큰 힘과 용기를 주는지 모르실 거예요. 앞으로도 계속 우리 애들을 그려주실 거죠?"

자신의 그림이 위로와 힘이 된다니 노마는 기뻤어.

"아무나 할 수 없는 작업을 하셨습니다. 돈만 좇는 세상에 화가님 같은 분도 계시니 놀랍습니다."

"이런 전시회는 한 번으로 끝내면 안 됩니다. 더 많은 사람들이 봐야 해요."

뜻있는 이들의 요청으로 두 번째 전시회도 곧 열리게 되었지. 목포역에 있는 큰 전시장에서 초대전을 하게 된 거야. 더 많은 관람객이 노마의 그림을 보러 왔어.

"우리나라에 이런 화가가 있는 줄 몰랐어. 지적장애 아들을 그리다니 발상이 획기적이야."

"애들 표정 좀 봐. 눈빛이랑 느낌이 살아 있지?"

"외국인이 우리나라에 오면 길에 장애인이 왜 없느냐고 묻는대. 선진국엔 장애인도 외출을 많이 하잖아. 우리나라는 장애인을 시설에 격리시켜 놓으니 길에 잘 안 보이지."

"맞아. 다니고 싶어도 길이 불편하니 나오기도 어렵고 말이야. 우린 아직 멀었어. 장애인, 약자가 살기 좋은 나라가 진짜 선진국이잖아."

사람들이 나누는 얘기를 듣고 순이는 부끄러웠어. 남들은 순이가 노마를 위해 희생한다고 하지만, 정작 자신은 노마의 예술을 전혀 이해하지 못했음을 깨달았거든.

사실 순이는 많이 지쳐 있었어. 혼자 돈 벌고 살림

하고 아이들 키우느라, 오랜 시간 가난과 과로에 시달렸거든. 게다가 노마는 알 수 없는 어둠에 사로잡혀, 온갖 기행으로 순이를 힘들게 했지.

그래도 착하고 공부 잘하는 아이들이 순이의 기쁨이고 보람이었어. 그런데 의대에 갈 줄 알았던 아들이 신학교에 간다고 했어. 부모가 말려도 소용이 없었지. 순이는 모든 희망이 바스러진 느낌이었어. 우울감과 상실감이 깊어지던 나날이었어.

"제가 날마다 부모님 위해 하나님께 기도하고 있어요. 학교에 간 뒤 하루도 빠짐없이 해 왔어요."

방학 때 집에 온 아들이 아침마다 기도하며 말했지.

"부모가 자식 위해 기도해야지, 자식이 부모 걱정으로 기도하게 하다니……."

순이는 아들에게 미안하고 부끄러웠어. 걱정 끼치는 부모가 된 것 같아서 말이야.

그런데 노마의 그림을 보러 온 수많은 사람을 보니 순이는 벅찼어. 아들의 정성어린 기도 덕분인가 보다 싶었지.

"이거 나야. 기뚱이."

"소희는 여기 있어."

자신을 그린 그림 앞에서 마냥 좋아하는 지적장애 아들을 보니, 노마가 왜 아이들이 예쁘다고 했는지도 알 것 같았어. 한쪽 눈을 잃고 난 뒤, 아이들과 더 비슷해졌다고 좋아하던 노마의 마음도 비로소 이해되었지.

'노마 씨는 진짜 저 애들과 똑같아지고 싶은 거구나. 그래야 저 아이들 생각과 세계를 더 잘 보여줄 수 있으니까…….'

순이는 짧은 생각으로 노마의 그림을 판단해 왔음을 깨달았어. 가장 가까이 있는 자신도 그럴진대, 세

상 사람들이야 오죽하겠어.

'그동안 혼자 얼마나 답답하고 외로웠을까.'

알 수 없는 눈물이 흘러내렸어.

순이는 사랑하는 아들의 바람대로 교회에 나가기 시작했어. 마음의 눈을 뜨고 새 삶을 살 수 있기를 빌었지. 눈물로 기도할수록 모든 것에 감사하는 마음이 생겼어. 노마의 그림이 더없이 소중해지고, 노마의 모든 것이 진심으로 사랑스럽게 느껴졌어.

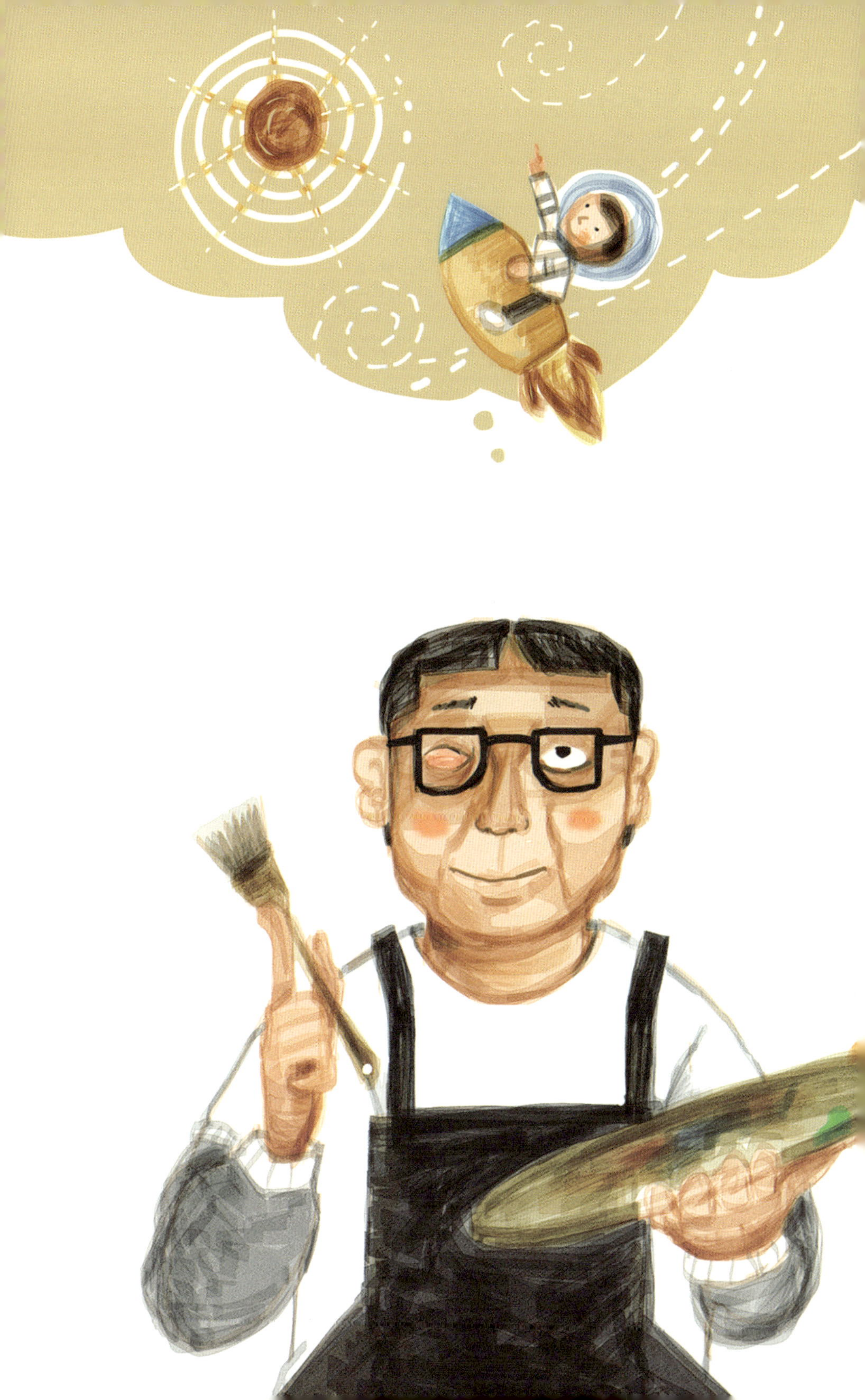

8. 유엔의 초대

두 번의 개인전 이후 노마의 삶은 달라졌어. 자신 있게 독창적 예술을 펼치기 시작했지. 순이의 전폭적 지지는 작업에 날개를 달아 주었어.

다음은 서울 전시회를 목표로 잡고 노마는 밤낮없이 그림을 그렸어. 그리하여 몇 년 뒤 인사동에서 <들꽃처럼 별들처럼> 전시회를 열게 되었지.

몇몇 언론에서 노마의 전시회를 관심있게 보도했어.

"20년간 지적장애아만 그린 화가는, 우리나라는 물론이고 세계에서도 유일합니다. 김 화백은 그림뿐 아니라 길거리 벽화 및 바닥 타일 등에도 장애인을 주인공으로 등장시켜야 한다고 주장합니다. 장애인과 비장애인이 친숙하게 마주치는 환경부터 만들어야 한다는 것입니다……."

노마의 그림을 보러 온 유명 화가와 평론가도 있었어. 그들은 소재의 특이성뿐 아니라, 그림 자체의 예술성을 주목하고 높이 평가했지.

노마는 정말 기뻤어. 그림으로 지적장애아에 대한 사회적 관심을 조금이라도 높이는 게 무엇보다 좋았지. 그렇지만 예술성 부족한 '소재주의' 작가가 되긴 싫었어. 그래서 온 힘을 다해 예술적 성취를 추구해 왔는데, 그 점을 인정받으니 가슴이 벅찼어.

'그래. 진실한 마음만 따라가면 되는 거야. 내 욕심

이 아닌 모두를 위해 좋은 길이라면, 더 큰 일도 얼마든지 해낼 수 있어!'

노마는 믿음과 자신감이 생겼어. 그래서 전시회 행사 때 사람들 앞에서 덜컥 약속을 했지 뭐야.

"다음에는 지적장애아만 그린 백 호짜리 그림 백 미터를 그려보려고 합니다."

"대단한 계획입니다. 장관일 거예요!"

사람들은 박수치며 환호했어. 하지만 그림을 잘 아는 사람들은 고개를 갸웃거렸지.

'백 호짜리 하나도 그리기 힘든데, 백 미터나 그린다고? 그게 가능할까?'

　백 호짜리 캔버스 77개를 이어야 약 백 미터가 나와. 그림 재료비부터 몇 억이 들어가야 하는 일이지. 노마 처지에 지금으로선 꿈같은 얘기였어.
　그럼에도 불구하고 노마는 많은 사람 앞에서 공표했어. 어떻게든 약속을 지켜야 하는 상황으로 스스로를 몰아넣은 거지.

사실 즉흥적 계획은 아니었어. 서울 전시를 준비하는 동안 계시처럼 뇌리에 머물러 있던 생각이었거든. 다만 순이한테 차마 말하지 못하고 있다가, 뜻밖의 장소에서 터뜨린 거야.

"뜻이 있는 곳에 길이 있다고 했잖아요. 세상을 좋게 하는 일이니까 방법이 있겠죠."

순이의 반응이 의외로 태연했어. 눈치를 보던 노마가 오히려 놀랐지.

며칠 뒤에는 또 다른 일이 있었어. 노마의 그림을 찬찬히 살펴보던 어떤 관람객이 말했지.

"이런 그림은 우리나라에서만 보기 아까워요. 세계인이 함께 볼 수 있도록 유엔(UN)에 전시해야 해요."

"유엔에 그림을 전시해요?"

그런 말을 들어본 적조차 없던 노마였어. 그런데 그날 이후 유엔 전시란 말이 머리를 떠나지 않는 거야.

'백 미터 그림, 유엔 전시…….'

두 생각은 하나가 되어, 유엔에서 백 미터 전시를 하겠다는 목표가 되어 버렸어. 그런 일이 생긴다면 한국의 장애인 인권에 도움이 될 거라는 확신이 들었거든.

생각만 하고 있던 어느 날 순이가 놀라운 말을 했어.

"내가 학교를 그만두려고 해요. 명예 퇴직금으로 백 미터 그림 재료를 사세요."

"고맙소! 정말 고맙소!"

노마는 앞뒤 생각 없이 덥석 받았어. 순이를 얼싸안고 춤을 추었지. 하늘이 준 기회가 아니고 뭐겠어?

캔버스와 물감, 붓, 기름 등 그림 재료부터 두 트럭 넘게 사들였어. 산더미 같은 재료를 쌓아놓고 구상에 몰입했지. 백 미터나 되는 그림을 종합 설계도 없이 되는 대로 그릴 수는 없으니까.

'한 작품 한 작품 변화가 있으면서도, 전체적으로 일관성과 균형이 있어야 해. 어떤 식으로 배치해야 아이들을 더 잘 보여줄 수 있을까?'

자나 깨나 오로지 그 생각뿐이었어.

어느 날 클래식 방송에서 비발디의 '사계'가 흘러나왔어. 순간 노마의 머리에 번개처럼 영감이 떠올랐어.

"그래! 아이들 삶과 영혼을 사계절로 표현하는 거야!"

샘솟듯 솟구치는 아이디어를 노마는 화폭에 옮기기 시작했어. 계절 별 기본 색조를 바탕으로, 지적장애아들 삶의 여정을 변화 있게 표현했어. 큰 아이, 작은 아이, 웃는 아이, 우는 아이…… 친구들 모습과 모든 감정을 음표처럼 그려 넣었지.

밤낮으로 작업에만 매달렸어. 스케치하는 데 일 년 반이 걸렸지. 색칠은 더욱 힘겨운 과정이었어. 바탕칠,

바림칠, 겉칠…… 대여섯 번의 덧칠로 깊은 색감이 우러나게 해야 했기 때문이야.

극한 노동에 노마는 몇 번이나 기절하듯 몸살을 앓았어. 조금만 나아지면 다시 덤벼들었지. 꼬박 삼 년을 바친 끝에 백 미터 그림이 거의 완성되었어.

그런데 그림 그리기는 오히려 쉬웠어. 자신의 힘으로 할 수 있었으니까.

"유엔에 전시하겠다니 말도 안 되는 소리!"

노마의 꿈을 두고 사람들은 비웃었어.

"전시하고 싶다고 아무나 할 수 있는 곳이 아닐세. 그런 허황된 꿈은 꾸지 말게."

앞에서 충고하는 사람은 그나마 양반이었지. 왕 화백은 뒤에서 조롱거리로 삼았어.

"유엔이 동네 강아지 이름인가? 서울서 전시회하고 조명 좀 받더니 머리가 어떻게 된 모양이야."

왕 화백의 농담에 추종자들이 폭소를 터뜨리더란 말도 들렸어.

"신경 쓰지 마세요. 당신 이름 높이려고 하는 일이 아니잖아요. 뜻이 있는 곳에 길이 있기 마련이에요."

순이만 변함없이 격려해 주었어.

하루하루 시간만 흘러가고 있던 때야. 몸살 기운에 온몸이 쑤셔서 노마는 뜨끈한 찜질방에 쉬러 갔지.

거기서 아는 방송국 기자를 만났어.

"요즘 어떻게 지내세요?"

"몇 년 동안 백 미터짜리 그림을 그리고 있어요. 유엔에 전시하려고요."

"그것 참 멋진 소식이네요!"

기자는 반가워하더니 뉴스 시간에 대뜸 보도를 했어. 한국의 화가가 유엔에서 장애인 그림을 전시한다고 말이야.

"허, 이것 참……."

노마는 당황스러웠어. 전시할 방법을 찾는 중이지 아직 확정된 계획은 없었거든.

그런데 그 뉴스를 보고 어떤 정치인이 노마를 찾아왔어. 장애인을 각별히 사랑하는 그 정치인은, 노마의 그림을 전부 살펴보았어. 그때부터 정신적 물질적 후원을 아끼지 않았지. 유엔 전시가 이루어질 수 있도록 각계각층으로 도움도 요청했어.

"유엔 전시회는 장애인들의 희망, 자존감, 자신감을 위한 사업입니다. 많은 분이 힘을 합쳐 주시길 부탁

드립니다."

 결국 기적이 일어났어. 유엔 한국 대사의 협조로, 뉴욕 유엔본부 갤러리에 노마의 그림을 전시하게 된 거야. 유엔 창립 70주년이자 장애인의 날 기념 전시회이기도 했어.

 한국 서양화가 첫 유엔 초대전시회 소식은 신문과 방송에 일제히 보도되었고, 미술계도 떠들썩해졌지.

9. 아주 특별한 루브르

'들꽃처럼 별들처럼' 유엔전시회는 좋은 평가를 받았어. 세계 각국에서 전시회 초청이 이어졌지. 가장 먼저 연락 온 곳은 독일 한국문화원이었어.

"한 가지 조건이 있습니다. 베를린 장벽에 그림을 전시하고 싶습니다."

노마의 요청에 담당자들은 난감해했어. 역사적인 장소라 베를린 시의 중요한 보호 구역이었거든.

"꼭 부탁드립니다. 문제가 있으면 제가 책임지겠습

지적장애아들의 순수한 영혼이 한 일이고,
그 빛이 더 큰 빛을 불러 모은 거야.

니다."

노마는 거듭 간청했어.

사실 노마가 간절히 그림을 걸고 싶은 곳은 한반도 비무장지대였어. 힘센 사람들이 찢어놓은 상처를, 가장 약한 지적장애아들이 치유를 시작할 수 있다고 믿었거든.

하지만 한반도는 독일처럼 전쟁이 끝난 게 아니라, 임시로 쉬고 있는 정전 상태야. 남북한 군인들이 지키는 비무장지대에서 전시는 진짜 불가능해. 그래서 한국과 비슷하게, 동서독 분단의 상징인 베를린 장벽에라도 전시를 하고 싶었던 거야.

기적처럼 허락이 떨어졌어. 베를린 장벽을 따라 지적장애아들 모습이 '들꽃처럼 별들처럼' 피어났지. 노마는 온몸에 전율을 느꼈어.

'신께서 나를 도구로 삼아, 어둠 속 장애아들을 빛

으로 나서게 하시는구나!'

 자신의 의지로 이루어진 일이 아님을 노마는 알고 있었어. 지적장애아들의 순수한 영혼이 한 일이고, 그 빛이 더 큰 빛을 불러 모은 거야. 그래서 새롭고 아름다운 현실이 만들어진 거지.

 브라질, 미국, 스웨덴, 영국……. 각 나라 패럴럼픽 문화 행사에 노마의 그림은 연달아 초청 전시되었어.

 "정말 잘됐네. 한국 미술계의 경사이자, 장애인 인권을 위해 참 좋은 일이야."

 기뻐해 주는 사람도 많았지만 다 그렇진 않았어.

 "그게 어디 자기 실력인가? 장애인을 이용해서 이름을 알리는 거지. 애초부터 목적이 따로 있었던 거라고."

 왕 화백이 비방하는 말이 귀에 들려왔어.

 "정치가하고 연줄이 있다더군. 모든 게 정치라니

까."

"어쩐지 이상하다 했어. 화단에 이름도 알려지지 않은 사람이 유엔 초대전을 하다니."

노마가 무슨 술수라도 쓴 양 수군대는 이들도 있었지.

처음에는 억울한 마음도 들고 세상 인심이 섭섭하기도 했어. 예전 같았으면 당장 멱살잡이를 했을지도 몰라.

그러나 노마는 곰곰 생각했어.

'그래. 남들이 얻지 못하는 기회가 내게 주어졌음을 잊지 말자. 행여 나 자신이나 내 이름을 앞세우지 않도록 삼가고 살펴야 해. 지금까지 그랬던 것처럼 그저 아이들만 보면 되는 거야. 칭찬에도 비난에도 흔들리지 말고.'

노마는 문을 닫아걸고 묵묵히 그림만 그렸어. 매

전시회 때마다 기존 그림뿐 아니라 새로 창작한 그림을 선보였지.

캔버스 천에 한국 고유의 제조법으로 만든 한지를

덧댄 노마의 그림은, 외국에서 더욱 좋은 평가를 받았어. 안정된 깊이감이 있으면서도, 부드럽고 따스한 느낌이 남달랐거든. 루브르 박물관에서 노마의 전시회가 열리게 된 것도 그만한 이유가 있었기 때문이지.

'이곳에 내 그림이 걸리다니!'

노마는 감개무량했어. 가난한 유학생 시절, 루브르 박물관에 걸린 거장의 그림은 하늘의 별처럼 높고 멀었어. 이곳에 자신의 그림을 걸 수만 있다면 아무 소원이 없으리라 생각했는데, 그 꿈이 이루어진 거야.

전시회 기간 동안 특별한 일은 또 있었어.

한 프랑스 청년이 노마의 그림을 오래오래 보더니, 화가한테 무슨 말을 하고 싶어 했지.

"말씀하세요. 제가 전할게요."

통역이 다가와서 도와주었어.

"그림을 그려줘서 고맙습니다. 이 그림에서 당신이

무얼 말하려고 했는지 나는 알아요."

청년의 푸른 눈에 눈물이 고였어.

"나의 형은 지적장애인인데 몇 년 전 세상을 떠났어요. 형은 117kg으로 뚱보였는데 먹는 것밖에 몰랐어요. 나는 형을 볼 때마다 슬프고 불행했는데, 반대로 형은 나를 보면 늘 웃었고 행복해했죠. 나를 바라보는 형의 눈빛에는 사랑 외에는 아무것도 없었어요."

청년은 눈물 흘리며 미소 지었어. 노마도 눈물을 글썽이며 고개를 끄덕였지. 청년의 말이 무슨 뜻인지 너무 잘 알았으니까.

"형의 천진난만한 웃음이 나를 키웠어요. 저녁마다 목욕을 하듯, 형의 웃음이 나를 씻겨 주었죠. 그렇듯 순수한 눈빛에 교육되고 키워졌어요. 형은 아직 내 마음에 선명하게 남아 있어요. 저 그림 속 엄마가 안고 있는 아이처럼, 형은 늘 한 살짜리 얼굴이었어요.

우리는 그들을 보고 무서워하고 슬퍼하죠.
하지만 그들은 우리를 보고 기뻐하며 행복해하죠.

형은 태어나서 죽기까지 늘 어린애였지요."

통역은 목이 메어 말을 잇지 못했어. 눈물범벅이 된 채 마지막 말을 겨우 전했지.

"당신 말이 맞아요. 우리는 그들을 보고 무서워하고 슬퍼하죠. 하지만 그들은 우리를 보고 기뻐하며 행복해하죠."

이십여 년 지적장애아 그림만 그리며, 노마가 느꼈던 외로움과 힘겨움이 봄눈처럼 녹았어. 언어와 문자 없이, 그림만 보고 이국의 청년이 자신의 마음을 다 헤아려 주었으니까. 그거면 충분했어. 노마는 뜨거운 눈물을 흘리며 청년을 가만히 안아주었어.

파리 전시 후 노마의 멀쩡했던 한쪽 눈과 한쪽 귀마저 이상이 생겼지. 고된 작업과 세계 순회 전시회 강행군을 하는 사이 뇌출혈이 살짝 왔던 것 같다고 의사가 말했어.

노마는 혼자 멀리 외출하기 어렵게 되었어. 귀도 잘 안 들려서 딴 사람과 대화도 어려워졌지. 발음도 어눌해져서 상대방이 잘 알아듣지 못해. 오직 아내인 순이만이 노마의 말을 금방 알아들어서, 필요한 자리에선 한국말 통역을 했어.

잘 보이지 않고 들리지 않다 보니 노마는 점점 자폐아가 되어갔어. 많은 시간 혼자만의 세계에 머물러 있었지만 아쉬움도 안타까움도 없었어. 진짜 자폐아와 더욱 같아져서, 비장애인이 모르는 내면 세계를 무한히 표현할 수 있기를 바랄 뿐이었지.

10. 먼 길 돌아, 마침내 광주

어느 날 꿈결에 아이들 소리가 또 들렸어.

"아빠! 자고 있으면 어떡해. 어서 숙제 해야지!"

"숙제? 무슨 숙제?"

"아이 참. 풀어야 할 문제 있잖아!"

아이들이 까르르 웃었어. 오랜만에 온 아이들이 반갑기도 하고, 무슨 말인지 의아하기도 해서 노마가 물었지.

"풀어야 할 문제라니?"

"5·18 말이야. 이제 그만 도망쳐. 그래야 자유로워질 수 있지."

"도망……."

노마는 움찔했어.

"벌써 40년이나 외면하고 있잖아. 그게 도망이지 뭐야?"

노마는 그 말을 하는 아이를 바라보았어. 처음 보는 얼굴이었는데, 이상하게 아는 아이 같았어.

저 애가 누구더라, 생각하다 노마는 눈을 떴어. 한밤중이었지만 노마는 다시 잠들 수 없었지.

아이 말이 맞아. 5·18 이후 노마는 광주에 가지 않았어. 일 때문에 어쩔 수 없이 가게 되어도, 그날의 기억이 서린 장소는 피해 다녔어. 사망자들이 묻힌 망월동 묘지는 물론이고, 전남도청도 금남로도 찾지 않았어. 그곳을 볼 용기가 없었거든.

'문제를 풀어야 한다……. 그래야 자유로워질 수 있다…….'

아이 목소리는 계속 생각났어.

40년이 흐르는 사이 많은 변화가 생겼지. 그해 오월 광주에서 무슨 일이 있었는지 온 국민이 알게 되었거든. 5·18은 '광주민주화운동'으로 공식 인정되었고, 광주 시민의 명예도 회복되었어.

군부독재를 하던 대통령은 국민들의 직선제 요구에 결국 항복했어. 국민들이 직접 투표하여 대통령을 뽑는 시대도 열렸지.

'진실은 결국 드러나는구나. 정말 다행이야…….'

노마는 광주 관련 모든 뉴스를 보며 울고 웃었어. 그러나 누구에게도 그날 얘기를 한 적은 없어. 감정이 요동칠 때마다 그림을 미친 듯 그리고 또 그렸을 뿐이야.

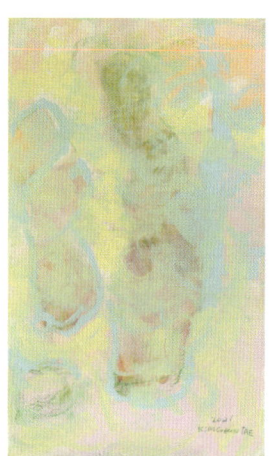

'지금 와서 내가 뭘 할 수 있지? 나만 살려고 도망친 주제에…….'

노마는 여전히 5·18을 마주보기 두려웠어. 그래서 그저 꿈일 뿐이라고 뭉개고 있었지.

하지만 계속 무시할 순 없었어. 아이들이 떠드는 소리, 웃음소리가 환청처럼 자꾸 들렸으니까.

'그래, 그 말이 옳아. 이젠 숙제를 해야 해.'

노마는 무의식의 조언을 받아들이기로 했어.

곰곰 생각 후 광주 국립아시아문화전당을 찾아갔어. 5·18 때 상처를 입어 광주를 찾지 못했음을 고백하며, 오월 한 달 전시를 하고 싶다고 했어. 도망쳐 살아남은 자의 비굴함을 공표하고, 죽은 이들에게

용서를 빌고 싶다고도 했지.

"화백님 그림을 전시할 수 있다면야 저희야 영광이지요!"

문화전당 측에서도 유엔과 유네스코 초대작가인 노마의 제안을 반겼어.

마침내 전시 계획이 잡히자, 노마는 온갖 감정이 회오리쳤어.

'그때 그곳에 있지 않았다면 나도 평범하게 살았겠지…….'

국가가 국민을 죽이고 멀쩡한 세상, 죄 없이 죽어간 이들이 노마를 미치게 했어. 지적장애아들을 만나 그림을 그리며 치유 받지 않았더라면, 노마도 살 수 없었을지 몰라. 5·18의 트라우마로 고통 받다, 죽음을 택할 수밖에 없었던 다른 피해자들처럼.

'억울하게 죽은 영령을 위로해야 해. 정의와 인권을

지키려 끝까지 싸운 분들을 기려야지. 행방불명된 이들의 넋을 달래고, 그날의 상처로 고통 받는 이들을 치유해야 하는데……. 어떤 방식으로? 어떤 예술 작업이 좋을까?'

지적장애아들 그림을 단순히 전시하는 것만으론 부족했어. 오직 5·18을 위한 제의가 필요했지.

'전시 공간마다 개별적 특성을 살리면서, 연결되어 통합되게 만들어야 할 텐데…….'

밤낮 없이 전시 기획을 생각하던 밤이었어. 노마는 자다가 갑자기 눈이 떠졌어. 월출산 위에 휘영청 떠오른 달이 신비롭도록 크고 밝았어. 창으로 비친 달빛이 노마의 작업실을 가득 채웠지.

"저건……."

노마는 창가로 나비 한 마리가 꿈결처럼 날아가는 것을 보았어. 날갯짓을 할 때마다 반짝이는 빛 가루가 날렸지.

　노마는 벌떡 일어나 창가로 갔어. 창문을 활짝 열었지만 나비는 보이지 않았어. 온 사방에 달빛만 강물처럼 넘실거렸지.

'아!'

언젠가 꼭 이런 순간이 있었던 것만 같았어.

　영감에 휩싸인 노마의 뇌리에 전시회 공간이 파노라마처럼 펼쳐졌어.

　천 개의 토우!

　5·18 항쟁에 참가했던 모든 사람을 흙 인형으로 빚었어. 죽은 사람, 행방불명 된 사람, 몸과 마음에 장애를 입은 사람……. 모두 토우로 만들어 전시회장에 오롯이 살려냈지.

　천 개의 한지 조형물!

새 모양 조형물은 영원으로 날아오른 영혼을 나타냈어. 별처럼 빛나는 5·18 정신으로 은하수를 이루길, 염원을 담아 형상화했지.

"나 자신에게 주는 선물이자 당신들에게 바치는 작품입니다!"

노마는 한 작품 한 작품 마음을 다해 만들었어. 울며, 용서를 빌며, 감사하며, 가장 약한 이가 잘 사는 사회가 되길 기도하며…….

토우와 한지 인형은 미디어아트의 빛과 어울려 신비로운 시공간을 창조했어. 산 자와 죽은 자가 얼싸안고 울고 웃는 화해와 치유의 우주였지. 끈질기게 달라붙어 있던 어둑시니 귀신이, 마침내 노마에게서 떨어져 나갔어.

"이제 마음이 좀 편해졌어요?"

전시회가 끝난 뒤 순이가 물었어. 5·18의 트라우마

로 노마가 평생 고통 받았음을, 순이도 그제야 알게 되었던 거야.

이제는 시력도 청력도 거의 잃어가는 노마였어. 그러나 장애는 노마에게 더 이상 벽이 아니야. 정교한 선 대신 이미지와 색과 느낌으로 예술혼을 계속 꽃피우고 있어. 순이도 함께 예쁜 꽃 한 송이라도 더 피우리라 다짐했지.

햇살이 유난히 환한 어느 봄이야.

"화가 할아버지, 안녕하세요?"

근처 초등학교 어린이들이 우르르 현장 학습을 왔어.

어린이들은 노마의 작업실을 구경하고 질문도 했지.

"할아버지는 왜 지적장애인들을 그려요?"

꽁지머리 여자아이가 물었어.

"음…… 나랑 비슷해서, 예뻐서 그리지."

예쁘다는 말에 아이들은 노마를 쳐다보며 까르르 웃었어. 진지한 표정으로 공책에 받아 적는 아이들도 있었지. 그 모습에 노마도, 통역을 돕던 순이도 빙긋 웃었어.

'세상은 갈수록 병들고 파괴되어 가는구나. 세상을 새롭게 살릴 방법은 사랑뿐이란다. 약자 중의 약자가 지적장애아이기에, 난 이들이 누구보다 존중받고 사랑받기를 바라. 지적장애인이 편안하고 행복한 사회라면, 나머지 사람들은 당연히 더 편안하고 행복할 테니까.'

노마는 그렇게 답하고 싶었어. 그런 마음으로 그림을 그려왔지.

하지만 어린이들이 공감하기 어려울 것 같았어. 그

래서 쉽게 대답했는데, 다시 생각하니 알맞은 답을 한 것 같아.

"할아버지는 어릴 때 꿈도 화가였어요?"

까치머리 남자아이가 물었지.

"내가 아이였을 땐 꿈이 뭔지도 몰랐단다."

"그런데 어떻게 화가가 됐어요?"

"중학교 때 그림 그리는 게 좋아졌어. 그래서 자꾸 그리다 보니 남들보다 잘하게 되었지."

"저는 게임이 좋아요. 그런데요, 엄마가 못 하게 해요."

"우리 엄마도요!"

어린이들이 저마다 떠들며 웃었어.

"하고 싶은 거 이것저것 많이 체험 해보는 것도 좋을 거야. 그러다 보면 나는 어떤 일을 하며 살아야겠구나, 알게 될 때가 오거든. 그때 진짜 꿈이 생기지 않을까?"

"네."

아이들은 명랑하게 대답했어.

작업실을 다 둘러본 아이들은 뜰로 나갔어. 마당에서 장난치는 아이, 공책에 뭔가를 쓰는 아이, 꽃구경을 하는 아이……. 그 모습들을 보며 노마는 생각했어.

'우리 애들도 행복한 시간을 더 많이 가져야 하는데.'

우리 애들이란 물론 장애아들을 말해.

세계 전시회를 하면서 노마는 5대륙 지적장애아들의 그림을 늘 함께 전시했어. 아이들이 노마 그림의 주인공이 되는데 그치지 않고, 직접 그린 그림을 전시하는 화가가 되게 해주고 싶었거든.

흥과 재능이 넘치는 장애아가 정말 많아. 노마는 장

애 어린이가 놀며 배우며 재능을 키우기도 하는 마당을 언젠가 만들고 싶어. 아직은 마음에만 품은 꿈이지만, 때가 되면 이루어지리라 믿어. 선한 뜻은 선한 기운을 불러 모아, 불가능한 일도 현실로 만드니까.

"화가 할아버지, 같이 사진 찍어요."

"할머니도요!"

꽃나무 아래서 아이들이 손짓하며 불렀어.

"그러자꾸나."

노마와 순이는 아이들과 나란히 섰어.

불어온 바람에 머리 위로 꽃잎이 나비처럼 팔랑거렸어.

하나 둘 셋, 김치!

선한 뜻은 선한 기운을 불러 모아,
불가능한 일도 현실로 만드니까.

가장 약한 이가 잘 사는
사회가 되길 기도하며…….